LA LOI DU 9 MARS 1891

SUR

LES DROITS DE L'ÉPOUX SURVIVANT

PAR

A. DUBOIS

AVOCAT.

PARIS

LIBRAIRIE COTILLON

F. PICHON, SUCCESSEUR, ÉDITEUR,

Libraire du Conseil d'Etat

24, RUE SOUFFLOT, 24.

1891

LA LOI DU 9 MARS 1891

SUR

LES DROITS DE L'ÉPOUX SURVIVANT

LA LOI DU 9 MARS 1891

SUR

LES DROITS DE L'ÉPOUX SURVIVANT

PAR

A. DUBOIS

AVOCAT.

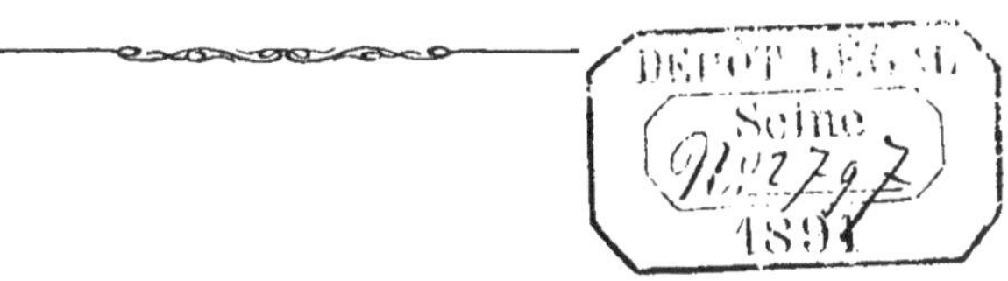

PARIS

LIBRAIRIE COTILLON

F. PICHON, SUCCESSEUR, ÉDITEUR,

Libraire du Conseil d'Etat

24, RUE SOUFFLOT, 24.

1891

LA LOI DU 9 MARS 1891

SUR

LES DROITS DE L'ÉPOUX SURVIVANT

I.

LA LOI DU 9 MARS 1891.

Depuis la promulgation du Code civil, les jurisconsultes n'ont cessé de signaler l'injustice et l'insuffisance de la situation faite par la loi au conjoint survivant.

Dans notre ancien droit, l'époux survivant et surtout la veuve, pouvait revendiquer certains avantages, comme le douaire, qui lui assuraient la jouissance d'une partie de la succession de l'époux prédécédé : cette disposition, pourtant fort sage, n'a pas été reproduite dans le Code civil. On admet généralement que c'est là le résultat d'une erreur. En effet, lors de la discussion de l'art. 767, au Conseil d'Etat, l'ancienne jurisprudence qui accordait un usufruit ou une pension à l'époux fut rappelée ; personne n'en contesta l'équité ; tous les membres de l'assemblée reconnaissaient qu'il était juste d'assurer le sort de l'époux survivant ; mais une voix fit observer qu'il y avait été pourvu par un autre article et, sur cette observation, le Conseil d'Etat passa outre. Or, cet autre article n'existe pas.

Il en résulta que, sous l'empire du Code Napoléon, l'époux survivant, lorsqu'il n'existait pas d'enfants issus du mariage, à qui il pût demander des aliments, était exposé à tomber dans la misère, après avoir partagé, pendant toute la durée du mariage, l'aisance de l'époux décédé, après avoir contribué, souvent pour une large part, à acquérir ou à augmenter cette aisance.

En l'absence de dispositions testamentaires faites en sa faveur, l'époux survivant ne succède en effet à l'époux décédé qu'à défaut de parents au douzième degré (1) et il ne lui était dû de pension alimentaire que par ses enfants ou descendants.

---

(1) Il y a parenté au douzième degré entre deux personnes dont les trisaïeuls étaient cousins germains.

En 1872, une proposition de loi tendant à mettre fin à cette situation fut présentée à l'Assemblée Nationale par M. Delsol. Reprise et présentée de nouveau au Sénat, en 1876, par son auteur devenu membre de cette assemblée, cette proposition, après plus de dix-huit ans de délibérations et de vicissitudes parlementaires de toute nature, vient d'aboutir à la loi promulguée sous la date du 9 mars 1891, publiée par le *Journal Officiel* dans son numéro du 10 mars, et dont on trouvera plus loin le texte.

La loi nouvelle ne modifie pas l'ordre antérieur des successions : comme précédemment, la femme n'est la seule héritière de son mari, le mari n'est le seul héritier de sa femme qu'à défaut de parents au douzième degré ou d'enfants naturels.

Mais la loi accorde à l'époux survivant non divorcé et contre lequel n'existe pas de jugement de séparation de corps devenu définitif, un droit d'usufruit sur une partie des biens de l'époux décédé.

Des rapports ou discussions préparatoires devant les Chambres, il résulte que le législateur a voulu suppléer, par une disposition légale, aux intentions présumées de la majorité des époux. Il a pensé que lorsqu'un homme ou une femme laissait, sans motif apparent, sa fortune passer toute entière dans les mains de parents éloignés, sans en distraire une parcelle au profit de son époux, c'était le plus souvent, par pure négligence ou par ignorance de la loi, ou bien encore par suite d'une suppression de testament. Il a pensé que dans ce cas, la loi devait protéger l'époux survivant.

Pour déterminer la quotité des biens sur lesquels s'exerce le droit d'usufruit de l'époux survivant, on forme tout d'abord une masse en réunissant fictivement, aux biens dont le défunt n'a disposé d'aucune manière, ceux dont il a disposé, mais seulement au profit de ses successibles, et sans dispense de rapport.

Si le défunt ne laisse pas de descendants, l'usufruit de l'époux survivant porte sur la moitié de la masse ainsi formée; il ne porte que sur le quart s'il existe des descendants de l'époux prédécédé; enfin il ne peut excéder une part d'enfant le moins prenant s'il existe des enfants ou descendants issus d'un précédent mariage du défunt.

Mais la détermination ainsi faite de l'importance des droits d'usufruit attribués à l'époux survivant, ne lui en assure pas la jouissance effective.

Ces droits ne s'exercent en effet que sur les biens libres dans la succession du défunt, c'est-à-dire sur ceux dont il n'a disposé ni par donation ni par testament et qui ne sont pas absorbés par les prélèvements dus aux héritiers réservataires, s'il en existe. Ils ne s'exercent pas sur les biens provenant de donations faites au défunt et soumis à un droit de retour au profit du donateur.

Quand il existe des descendants du défunt, qu'ils soient nés d'un précédent mariage ou de son union avec l'époux survivant, l'usufruit de ce dernier cesse de plein droit s'il vient à contracter un second mariage.

Il n'en est pas ainsi quand le défunt n'a laissé pour héritiers que des ascendants ou des collatéraux.

Dans ce cas l'usufruit ne prend fin que par la mort de l'usufruitier.

Le nouvel article 767 ne dispense pas l'époux survivant de fournir caution ; les dispositions des articles 600 et suivants relatifs aux garanties que l'usufruitier doit donner lui sont donc applicables.

Disons enfin que lors de la discussion de la loi, à la Chambre des députés, il a été affirmé de la façon la plus formelle, par le rapporteur, que le droit de mutation par décès qui frappera l'usufruit accordé à l'époux survivant par la loi du 9 mars 1891 ne sera que le droit de 3 0/0 et non le droit de 9 0/0 qui frappe les successions dévolues aux époux à défaut de parents au degré successible.

Il eut été préférable sans doute, comme le proposait un membre de l'Assemblée, que cette question fut réglée par un vote : néanmoins il est vraisemblable que l'administration de l'Enregistrement ne contestera pas la valeur d'une déclaration aussi solennellement faite.

La nouvelle loi ne fait pas de l'époux survivant un héritier réservataire puisque chacun des époux peut, en épuisant par des dispositions entre-vifs ou testamentaires, la totalité de sa fortune, priver son conjoint du droit d'usufruit que le nouvel article 767 lui accorde.

Le législateur cependant n'a pas voulu laisser l'époux sans fortune personnelle, exposé aux conséquences extrêmes de la légèreté ou de l'inimitié de son conjoint; il n'a pas voulu que le droit d'exhérédation que les époux conservent l'un vis-à-vis de l'autre put aller jusqu'à permettre de plonger l'époux survivant dans la misère, à côté d'une succession importante dévolue à des parents éloignés ou à des étrangers.

Par une disposition additionnelle à l'art. 205 du Code civil, la loi nouvelle confère à l'époux survivant dans le besoin, le droit de réclamer une pension alimentaire.

La demande doit être formée dans l'année du décès ou avant l'achèvement du partage. La pension alimentaire due à l'époux survivant est une dette de la succession : elle doit donc être acquittée avant les legs. Elle est prélévée sur l'hérédité dont elle ne peut excéder les forces.

Telle est l'économie générale de la loi du 9 mars 1891. Il nous reste à appeler l'attention sur une disposition accessoire et nouvelle qui s'y rencontre, sur les conséquences de cette disposition, à indiquer enfin un moyen pratique de résoudre les difficultés qui pourraient en résulter.

II.

INCONVÉNIENTS DE LA NOUVELLE LOI.

Ce n'est pas sans hésitation que le législateur s'est décidé à accorder à l'époux survivant un droit d'usufruit sur une partie des biens composant la succession de l'époux prédécédé.

Le démembrement de la propriété en usufruit et nue-propriété présente, tant au point de vue de l'intérêt particulier qu'au point de vue de l'intérêt général, de graves inconvénients.

Pour les intéressés, c'est une source intarissable de difficultés et de procès, car les intérêts en présence sont diamétralement opposés. L'usufruitier, dont tout l'intérêt est de faire rendre aux biens dont il a la jouissance, le maximum de produit immédiat, réclamera, s'il s'agit de fonds disponibles, un emploi donnant le plus gros revenu, au risque de compromettre le capital ; s'il s'agit de biens fonciers, il n'hésitera pas à épuiser les terres par une culture excessive, à pousser les coupes de bois jusqu'à leur extrême limite, à louer les constructions pour des usages qui les déprécient, mais procurent de gros loyers. Par

contre il ne consentira qu'aux réparations et aux dépenses
d'entretien qu'il ne pourra absolument pas refuser.

Le nu-propriétaire, de son côté, ne se résoudra qu'à la
dernière extrémité aux grosses réparations qui lui incombent : on n'est jamais disposé à dépenser pour un bien
qui ne vous rapporte rien. Cependant, s'il vient à mourir,
ses héritiers auront à payer à l'État, les droits de succession sur la valeur entière des biens dont un autre a la
jouissance et pour de longues années encore.

L'intérêt général n'est pas moins lésé. Les biens grevés
d'usufruit ne sont pas facilement aliénables ; ils échappent à la circulation. Ils échappent aussi à toutes les améliorations qui demandent une mise de fonds immédiate
en vue d'un rendement lointain.

III.

Ces inconvénients multiples n'ont pas échappé au législateur. Pour les écarter ou du moins pour permettre aux intéressés de les écarter, il a introduit dans la loi une disposition, sans précédent dans nos Codes, disposition empruntée, paraît-il, au Code italien.

« Jusqu'au partage définitif, dit le nouvel art. 767, les héritiers peuvent exiger, moyennant sûretés suffisantes, que l'usufruit de l'époux survivant soit converti en une rente viagère équivalente. »

Ainsi, à l'usufruit, droit réel grevant les biens, les héritiers peuvent substituer une rente viagère, droit purement personnel.

Mais pour cela ils sont tenus de fournir des *sûretés suffisantes*.

Ces sûretés pourront consister soit en une inscription d'hypothèque, soit en un dépôt de titres de rentes ou de valeurs de premier ordre donnant un revenu suffisant pour assurer le service de la rente viagère.

Mais l'obligation de conserver sur ses biens, pendant de

longues années, une inscription d'hypothèque garantissant une rente viagère, est elle-même pleine d'inconvénients. C'est un sérieux obstacle aux emprunts que l'on
peut vouloir contracter, comme aux aliénations que l'on
peut avoir à faire.

Celle d'immobiliser des valeurs n'est pas moins gênante. Aux prix où sont actuellement les bonnes valeurs,
il faut immobiliser près de cent mille francs pour assurer
un revenu de trois mille francs. On peut croire que peu
de gens se résoudront à une opération aussi onéreuse,
qui peut même devenir désastreuse, si le rentier, dont
c'est le droit, s'obstine à vivre jusqu'à un âge très avancé.
Beaucoup de personnes préféreraient sans doute faire le
sacrifice immédiat et définitif d'une partie de cette somme
pour pouvoir jouir et disposer immédiatement du surplus
et se le partager. Les compagnies d'assurances sur la vie
leur en fournissent le moyen.

Basés sur les données d'observations scrupuleusement
faites, revêtus de l'homologation du gouvernement, les tarifs des Compagnies françaises d'assurances sur la vie, indiquent pour chaque âge, le prix d'une rente viagère. En consultant ces tarifs, les héritiers de l'époux décédé, pourront
connaitre en un instant, la valeur en capital de la rente
qu'ils doivent à l'époux survivant : ils sauront quel sacrifice
ils ont à faire pour se décharger de cette rente. En versant
à une compagnie d'assurances sur la vie la somme ainsi déterminée, ils se libéreront définitivement de toutes leurs
obligations envers l'époux survivant.

La garantie d'un contrat passé avec une compagnie d'assurances sur la vie constitue en effet et de toute évidence une *sûreté suffisante* selon le vœu de la loi du 9 mars 1891.

Un particulier débiteur d'une seule rente viagère ne sait pas, ne peut pas savoir combien de temps il aura à la servir : le rentier peut mourir jeune, mais il peut aussi atteindre un âge très avancé. Il ne connait donc pas l'étendue de son engagement et, s'il veut offrir une garantie, il ne peut se dispenser de la prendre telle qu'elle suffise à assurer le service de la rente même dans l'hypothèse extrême d'une vieillesse prolongée jusqu'aux dernières limites de la longévité humaine.

Les compagnies au contraire qui opèrent, sur un grand nombre de têtes, savent d'avance et avec une certitude presque absolue, combien de têtes de chaque âge doivent disparaitre chaque année. Elles peuvent dès lors, mesurer avec exactitude l'étendue de leurs engagements et elles les mesurent en effet chaque année : c'est l'objet de leur inventaire. Elles déterminent ainsi leur passif.

En regard de ce passif et pour le garantir, elles sont tenues par leurs statuts de posséder un actif équivalent représenté par des valeurs de premier ordre. En fait, cet actif est augmenté de réserves de prévoyance et du capital social. La garantie est donc plus que suffisante.

Elle a d'ailleurs, en maintes circonstances, été jugée telle par les tribunaux. Dans un certain nombre d'affaires, où des rentes viagères étaient allouées à des victimes d'accidents, les parties condamnées ont été autorisées à fournir comme garantie un contrat passé avec la Compagnie d'Assurances Générales.

Il n'est pas douteux qu'une pareille garantie ne doive être de même jugée suffisante pour le service de la rente viagère due à l'époux survivant.

Ainsi, les Compagnies d'assurances sur la vie peuvent fournir aux intéressés une solution équitable, immédiate et sûre, des difficultés qui pourront surgir dans l'application de la nouvelle loi en ce qui concerne la transformation du droit d'usufruit en une rente viagère.

La constitution d'une rente viagère n'est pas d'ailleurs la seule application indiquée par la nouvelle loi, des opérations habituelles aux Compagnies d'assurances sur la vie.

D'après le nouvel art. 767 « si l'époux survivant a reçu de son conjoint des libéralités équivalentes au droit d'usufruit que la loi lui accorde, il cessera de l'exercer. »

Inversement, d'après le nouvel art. 205, si l'époux survivant a été complètement déshérité et si d'ailleurs il n'a pas de fortune personnelle, en un mot s'il est *dans le besoin*, il est en droit de réclamer à la succession de l'époux décédé, une pension alimentaire.

Ces dispositions sont de nature à motiver dans maintes circonstances la souscription d'une assurance.

On peut vouloir affranchir ses héritiers de l'usufruit accordé par la loi au conjoint survivant; mais on peut, en même temps, reculer devant la confection d'un testament qui, en dépouillant ce dernier des droits qu'il tient de la loi, constituerait à son égard une mesure vexatoire, injurieuse même et imméritée.

Une assurance sur la vie permettra de résoudre la difficulté. En prélevant sur ses ressources annuelles une somme relativement minime, que l'on affectera au paiement d'une prime d'assurance, on laissera après soi, à son conjoint, soit un capital, soit une rente qui lui tiendront lieu des droits d'usufruit que la loi lui concède. Sans l'avoir déshérité, sans avoir pris une mesure dont il pourrait, à juste titre se trouver offensé, on déchargera ses héritiers de toute obligation envers l'époux survivant.

Inversement, si l'on craint pour l'époux survivant, l'avidité ou le mauvais vouloir des héritiers; si l'on redoute les contestations que pourra provoquer la fixation des droits de chacun; si l'un des époux enfin n'a pas de fortune personnelle et si on veut lui éviter, dans le cas où il survivrait à son conjoint, l'humiliation de demander une pension alimentaire à des héritiers malveillants, c'est encore dans une assurance sur la vie que l'on trouvera la solution la plus simple et la plus sûre.

L'assurance en effet profite et revient à la personne désignée comme bénéficiaire dans la police. Pour entrer en possession du capital ou de la rente assurés, le bénéficiaire n'a point à s'adresser aux héritiers. Il suffit qu'il justifie à la compagnie du décès du souscripteur de l'assurance; rien n'est plus simple, rien n'est plus rapide.

Ainsi mis en possession du capital ou de la rente stipulés à son profit, l'époux survivant n'aura plus aucune réclamation à adresser aux héritiers de l'époux décédé; ceux-ci n'auront pas de refus ou de moyens dilatoires à lui opposer; les difficultés seront aplanies d'avance, bien plus, elles n'auront pas l'occasion de naître.

ANNEXES.

1° Loi du 9 mars 1891.
2° Arrêt de la Cour de Rouen du 6 décembre 1884.
3° Arrêt de la Cour de Lyon du 14 avril 1886.
4° Jugement du Tribunal de la Seine du 27 juin 1888.

Loi du 9 mars 1891.

Article premier. — L'article 767 du Code civil est ainsi modifié :

Art. 767. — Lorsque le défunt ne laisse ni parents au degré successible, ni enfants naturels, les biens de sa succession appartiennent en pleine propriété au conjoint non divorcé qui lui survit et contre lequel n'existe pas de jugement de séparation de corps passé en force de chose jugée.

Le conjoint survivant non divorcé qui ne succède pas à la pleine propriété, et contre lequel n'existe pas de jugement de séparation de corps passé en force de chose jugée, a, sur la succession du prédécédé, un droit d'usufruit qui est :

D'un quart, si le défunt laisse un ou plusieurs enfants issus du mariage.

D'une part d'enfant légitime le moins prenant, sans qu'elle puisse excéder le quart, si le défunt a des enfants nés d'un précédent mariage.

De moitié dans tous les autres cas, quels que soient le nombre et la qualité des héritiers.

Le calcul sera opéré sur une masse faite de tous les biens existants au décès du *de cujus*, auxquels seront réunis fictivement ceux dont il aurait disposé, soit par acte entre-vifs, soit par acte testamentaire au profit de successibles, sans dispense de rapport.

Mais l'époux survivant ne pourra exercer son droit que sur les biens dont le prédécédé n'aura disposé ni par acte entre-vifs, ni par acte testamentaire, et sans préjudicier aux droits de réserve ni aux droits de retour.

Il cessera de l'exercer dans le cas où il aurait reçu du défunt des libéralités, même faites par préciput et hors part, dont le montant atteindrait celui des droits que la présente loi lui attribue, et, si ce montant était inférieur, il ne pourrait réclamer que le complément de son usufruit.

Jusqu'au partage définitif, les héritiers peuvent exiger, moyennant sûretés suffisantes, que l'usufruit de l'époux survivant soit converti en une rente viagère équivalente. S'ils sont en désaccord, la conversion sera facultative pour les tribunaux.

En cas de nouveau mariage, l'usufruit du conjoint cesse s'il existe des descendants du défunt.

Art. 2. — L'article 205 du Code civil est ainsi modifié :

Art. 205. — Les enfants doivent des aliments à leurs père et mère ou autres ascendants qui sont dans le besoin.

La succession de l'époux prédécédé en doit, dans le même cas, à l'époux survivant. Le délai pour les réclamer est d'un an à partir du décès et se prolonge, en cas de partage, jusqu'à son achèvement.

La pension alimentaire est prélevée sur l'hérédité. Elle

est supportée par tous les héritiers, et, en cas d'insuffi-sance, par tous les légataires particuliers, proportionnel-lement à leur émolument.

Toutefois, si le défunt a expressément déclaré que tel legs sera acquitté de préférence aux autres, il sera fait application de l'art. 927 du Code civil.

Arrêt de la Cour d'appel de Rouen du 6 décembre 1884.

Le tribunal du Havre avait rendu, à la date du 24 janvier 1884, le jugement suivant :

Le Tribunal condamne C... et G... à payer au demandeur ès-qualités à titre de dommages-intérêts pour les causes sus-énoncées, une rente annuelle et viagère de quatre cents francs. — Juge que, dans le mois de la prononciation du présent jugement, les défendeurs devront acheter et remettre au demandeur ès-qualités, un titre de rente trois pour cent, sur l'Etat français, de 400 fr. immatriculé pour l'usufruit seulement au nom du sieur B... ou verser, s'ils le préfèrent, à la *Compagnie d'Assurances Générales sur la vie* un capital suffisant pour constituer une rente annuelle et viagère de 400 fr. sur la tête du mineur B.

Sur l'appel de MM. C... et G... la Cour d'appel de Rouen a confirmé ce jugement en réduisant à 300 fr. le chiffre de la rente.

Cour d'appel de Lyon, 14 avril 1886.

La Cour : Considérant que les appelants demandent à être autorisés par la Cour à substituer, à la garantie d'un titre de rente française, la constitution d'une rente avec la *Compagnie d'Assurances Générales sur la vie;* que cette garantie paraît présenter toute sécurité; Dit que la rente annuelle de six cents francs allouée au mineur D... sera garantie par un traité avec la Compagnie d'Assurances Générales, la dite rente payable par semestre, et à partir du jour de l'accident.

Tribunal civil de la Seine du 27 juin 1888.

Le Tribunal : En ce qui concerne le mode de service des rentes viagères :

Attendu que la dame L... n'a pas imposé à son légataire universel l'obligation de faire lui-même le service des rentes viagères par elle léguées à diverses personnes ; que c'est ainsi qu'elle a indiqué que son légataire serait affranchi du service de ces rentes, en fournissant aux crédi-rentiers un titre de rente sur l'Etat ; attendu qu'il ne résulte pas non plus des termes du testament que ce mode de libération soit limitatif ; attendu, d'ailleurs, que les parties intéressées sont d'accord pour que le service des arrérages soit fait par la Cⁱᵉ d'Assurances Générales sur la vie ; que cette combinaison présente les garanties nécessaires pour assurer les droits des crédi-rentiers.

En ce qui concerne la succession bénéficiaire de S. W. :

Attendu qu'il est avantageux pour la dite succession bénéficiaire, d'éteindre le passif privilégié garanti par l'inscription de séparation des patrimoines au moyen de l'abandon d'un capital réduit ; qu'en effet ce mode de procéder permettra la liquidation immédiate de la succession, sans qu'il y ait lieu d'attendre le décès de chacun des crédi-rentiers pour rendre disponibles les capitaux affectés au service des rentes viagères.

Par ces motifs : Dit que sur les deniers dont il est détenteur, G... administrateur judiciaire de l'actif mobilier trouvé en France de la succession du prince de S. W..., versera à la Cⁱᵉ d'Assurances Générales sur la vie, dont le siège est à Paris, rue Richelieu 87, somme suffisante à titre de capital aliéné pour constituer sur la dite Compagnie des rentes annuelles et viagères payables par trimestres, avec droit, pour les rentiers, au prorata du trimestre en cours le jour de leur décès, savoir : (suit l'énumération des rentes à constituer, s'élevant ensemble à 10,800 fr. de rentes). Dit que G... est autorisé à signer à cet effet tous contrats d'assurances et qu'il devra mentionner l'incessibilité des dites rentes et leur origine testamentaire ; dit qu'il paiera aux dits légataires les arrérages courus jusqu'au jour où la Cⁱᵉ d'assurances se chargera du service des dites rentes. Dit que les conservateurs des hypothèques de B... C... et N... seront tenus, chacun en ce qui le concerne, de radier définitivement les inscriptions prises, savoir : (suit l'énumération des inscriptions).

TABLE DES MATIÈRES

ANNEXES